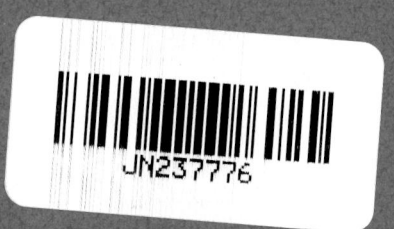

世界の果てで
大切なことに
気づく
100の言葉

100 Words notices an
important thing
by the edge of the world.

宮永千恵

Chie Miyanaga

かんき出版

人生は旅と同じです。
私たちは、この地球にやってきた旅人です。

私たちが住む星、地球は、
宇宙の中でもっとも美しい星のひとつです。
この星に、そして
この時代に生まれた私たちは
奇跡の結晶です。

この本に出てくる賢人たち同様、
あなたにも、
あなたにしかない輝きがあることを
忘れないでください。
そして、あなたの輝きを見つけて、
人生の旅を楽しんでください。

Jason Kasumovic/Shutterstock.com

この本の企画は、
２０１２年12月に発売された書籍
『ザ・メタ・シークレット』から、
毎日名言をひとつずつ投稿した
フェイスブックをもとに生まれました。

美しい景色と、賢人たちの残した言葉は、
今を生きる私たちに
多くのメッセージを与えてくれます。
この本を手に取ったあなたが、
地球について、人生について、何かに気づき、
生きる素晴らしさを
感じていただけましたら幸いです。

２０１４年10月吉日

宮永千恵

本書を編纂するにあたり、引用・参照した参考文献は多岐にわたりますので、列記を省略させていただき、ここに謝意を表します。

カバーデザイン　井上新八
カバー写真　Mike Liu/shutterstock.com
本文デザイン・DTP　佐藤千恵

Contents

PlusONE/Shutterstock.com

第1章 人生

Bule Sky Studio/Shutterstock.com

馬で行くことも、
車で行くことも、
二人で行くことも、
三人で行くこともできる。
だが、最後の一歩は
自分ひとりで歩かなければならない。

——ゲーテ（詩人）

ミャンマー —— バガンの遺跡

naturemania/Shutterstock.com

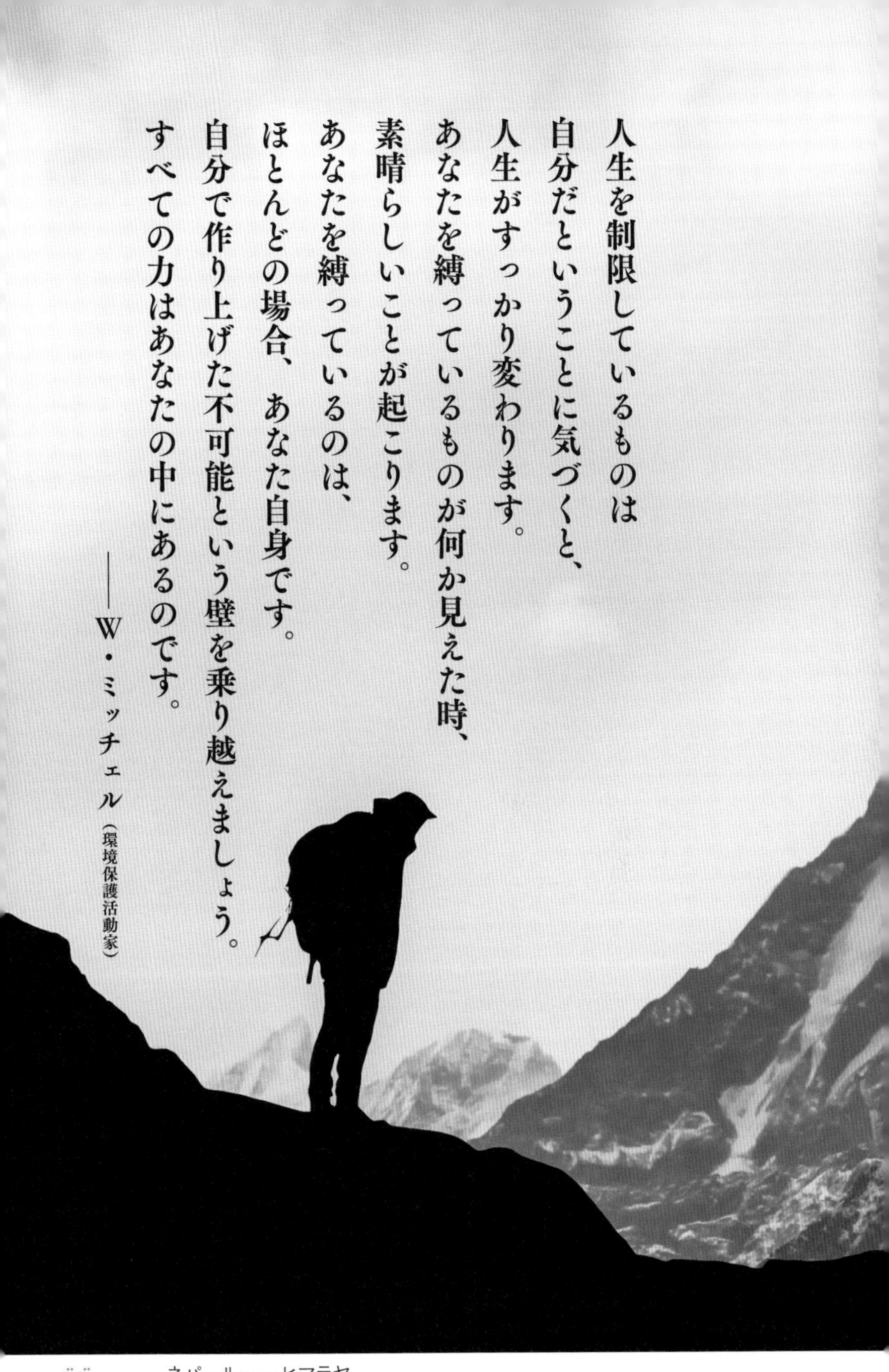

人生を制限しているものは
自分だということに気づくと、
人生がすっかり変わります。
あなたを縛っているものが何か見えた時、
素晴らしいことが起こります。
あなたを縛っているのは、
ほとんどの場合、あなた自身です。
自分で作り上げた不可能という壁を乗り越えましょう。
すべての力はあなたの中にあるのです。

——W・ミッチェル（環境保護活動家）

ネパール—— ヒマラヤ

Mike Liu/Shutterstock.com

人生で最も大切なことは
自分の目的を発見することです。
誰もが、その人独自の
特別な目的を持って生まれてきます。
そして、あなたが人生の目的にそって
自己表現している時、あなたは幸せです。

――ジャック・キャンフィールド（作家）

アメリカ・アリゾナ州―― セドナ　カテドラルロック

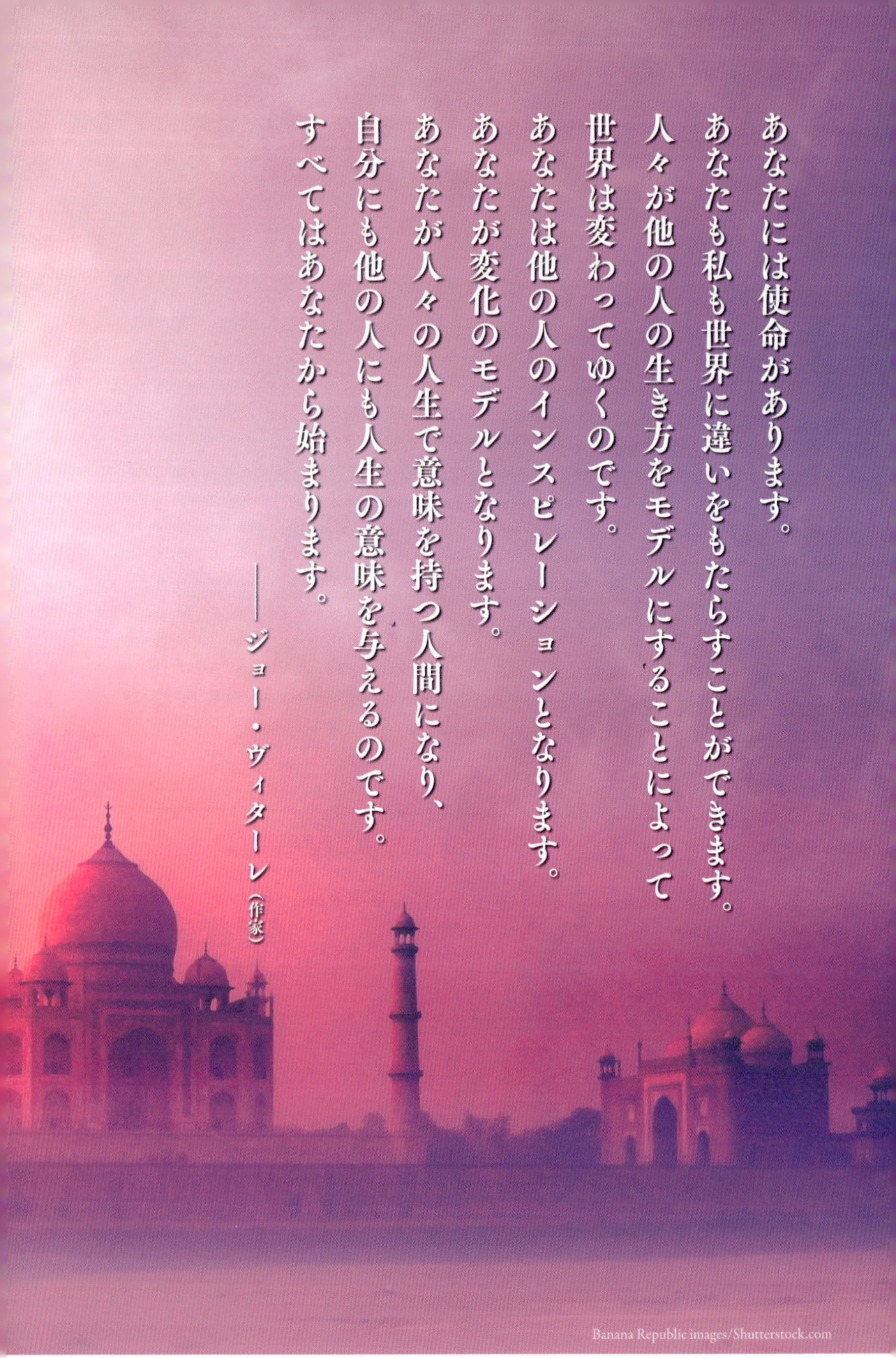

あなたには使命があります。
あなたも私も世界に違いをもたらすことができます。
人々が他の人の生き方をモデルにすることによって
世界は変わってゆくのです。
あなたは他の人のインスピレーションとなります。
あなたが変化のモデルとなります。
あなたが人々の人生で意味を持つ人間になり、
自分にも他の人にも人生の意味を与えるのです。
すべてはあなたから始まります。

――ジョー・ヴィターレ（作家）

Banana Republic images/Shutterstock.com

15　インド—— タージ・マハル

たいていの人は
本当に何が欲しいのか
心の中でわかっています。
人生の目標を
教えてくれるのは
直感だけ。
ただ、それに
耳を傾けない人が
多すぎるのです。

――バーバラ・ブラハム（コンサルタント）

Jerome Stubbs/Shutterstock.com

17　ヨルダン―― ペトラ

外面の豊かさを望むなら内面から始めましょう。
思考が豊かになれば、表情や見た目も伴います。
豊かな態度を取り
自分が何者で何ができるか
豊かに考えるようにしましょう。
実践すると豊かさが表れます。

——ジャック・キャンフィールド（作家）

chungking/Shutterstock.com

15　中国—— 陽朔

誤解されるのはそんなに悪いことだろうか？
ピタゴラスは誤解された。
ソクラテス、イエス、ルター、コペルニクス、ガリレオ、
そして、ニュートンも誤解された。
古今のあらゆる清純で賢明な魂も誤解を受けた。
偉大であるということは誤解されるということだ。

——ラルフ・ワルド・エマーソン（思想家）

Francesco R. Iacomino/Shutterstock.com

21　イタリア——トスカーナ

鳥は卵の中から抜け出ようと戦う。
卵は世界だ。
生まれようと欲するものは
一つの世界を破壊しなければならない。

――ヘルマン・ヘッセ（作家）

AR Pictures/Shutterstock.com

23　アメリカ・アリゾナ州――アンテロープ・キャニオン

あなたの望むことではないとしても、
すべてのことには理由があって
起こっているということを思い出しましょう。
それはあなたをだめにするものではありません。
あなたを貶《おとし》めるものでもありません。
あなたが心を変える時が来たのです。
その出来事を解釈しなおし、
もう一度よく見て、新しい展望と視点を持ち、
「これは自分を良くするために起こっている」
という光の中にそれを置きましょう。

――ハーブ・エッカー（作家）

Boris Strouiko/Shutterstock.com

25　トルコ・カッパドキア—— ネヴシェヒルの岩窟集落

もしその道を行かなかったらば、
人生は全く違っていただろう
と思ったことはありませんか？
ある人は、人生の回り道で
最も美しい場面に出会ったそうです。
次に困難に出会ったら、
角を曲がれば　きっと良いことが待っている、
と思いましょう。

——W・ミッチェル（環境保護活動家）

Poznyakov/Shutterstock.com

27　ヨルダン—— ワディ・ラム

何を考えているか、
何を知っているか、
何を信じているかは、
それほど重要なことではない。
唯一重要だと言えるのは、
何をするかだ。
——ジョン・ラスキン（美術評論家）
Nickolay Khoroshkov/Shutterstock.com

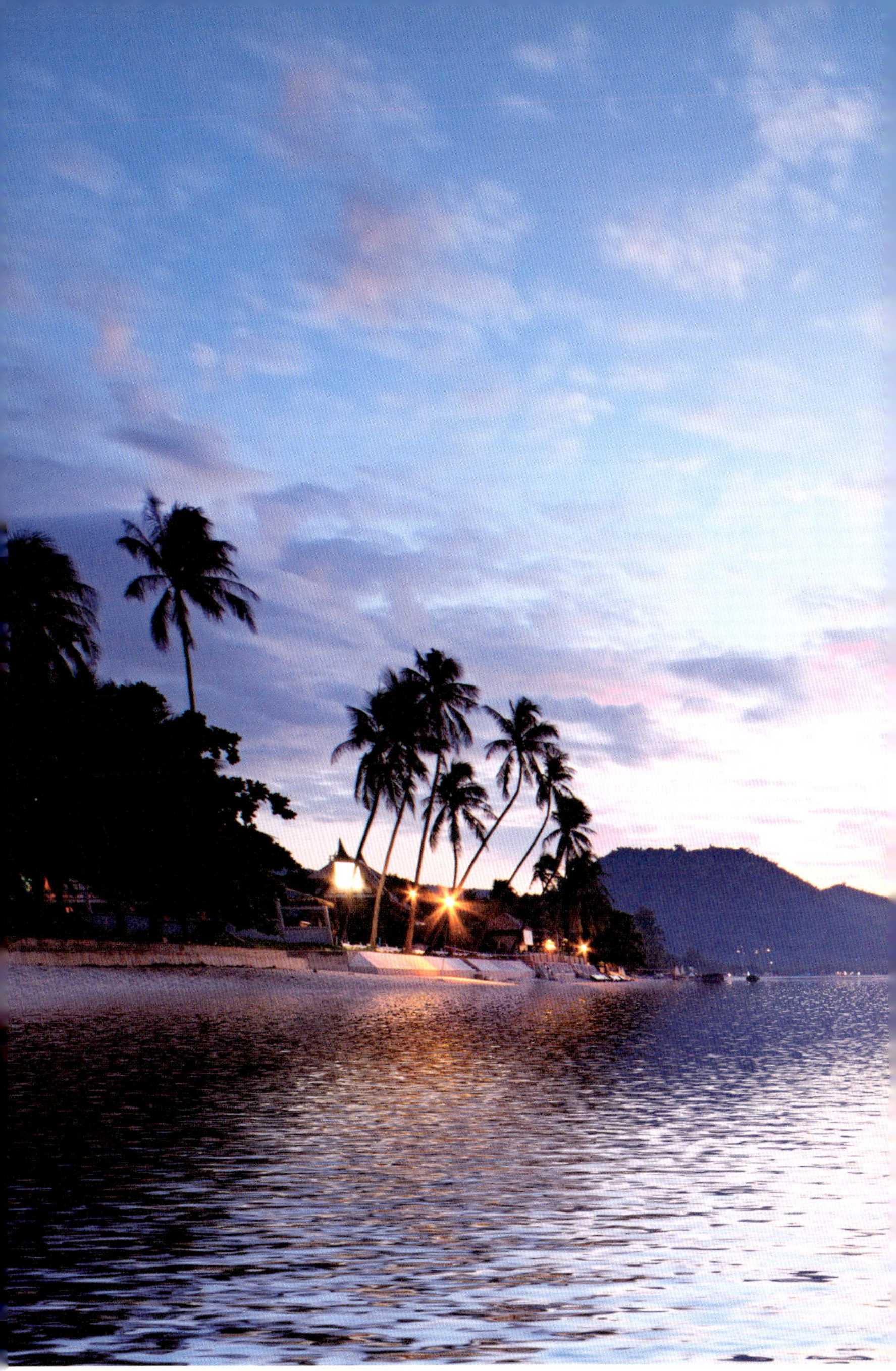

23　タイ—— サムイ島

Igor Alyukov/Shutterstock.com

残念ながら、多くの人は知らなさすぎる。
自分が溢れるほど豊かだということを。
何にだってなれる。何だってできる。
言葉のあやではなく、
まったくそのとおりの意味で、現実として。

——フリードリヒ・ニーチェ（哲学者）

最大の名誉は決して倒れないことではない。
倒れるたびに起きあがることである。

——孔子（思想家）

Luciano Mortula/Shutterstock.com

ベトナム―― ハロン湾

muratart/Shutterstock.com

あなたはいま、あなたの未来を見ています。
あなたが一番多くの時間をともに過ごす人たち
それがあなたの未来の姿です。

――ロバート・キヨサキ（実業家）

トルコ―― ネムルト山

川の中ではあなたが触る水が
一番最後に過ぎ去ったものであり
また、一番最初に来るものです。
現在という時も同じなのです。
――レオナルド・ダ・ヴィンチ（芸術家）

INTERPIXELS/Shutterstock.com

37　ハンガリー ・ブダペスト—— 鎖橋と国会議事堂

学べば学ぶほど、
自分が何も知らなかったことに気づく。
気づけば気づくほどまた学びたくなる。
大切なのは、疑問を持ち続けることだ。
神聖な好奇心を失ってはならない。

――アルベルト・アインシュタイン（物理学者）

Sergey Novikov/Shutterstock.com

スイス——トゥーン湖とオーバーホーフェン城

物事には見えないものがあります。
それこそが重要かもしれません。
どんな真実も、発見してしまえば
誰でも簡単に理解できます。
大切なのは、発見することなのです。

——ガリレオ・ガリレイ（物理学者）

TanArt/Shutterstock.com

41　ブータン—— タクツァン僧院

自分が何者であるかを知ろうとするのは、
あまり意味がありません。
大事なのは何者になりたいかであり、
そうなろうと決意して努力することです。

――ニール・ドナルド・ウォルシュ（作家）

Mikadun/Shutterstock.com

43　ギリシャ―― メテオラ

walshphotos/Shutterstock.com

私が自分だけのために働いている時には、
自分だけしか私のために働かなかった。
しかし、私が人のために働くようになってからは、
人も私のために働いてくれたのだ。

――ベンジャミン・フランクリン（政治家）

アイルランド―― ティモリーグ修道院の夕暮れ

Anton_Ivanov/Shutterstock.com

人々はあなたに対して、
あなたが無意識に
自分自身を扱っているのと同じようにふるまいます。
誰かがあなたに対して
型にはまった態度をとったとしたら、
それはあなた自身が自分に対して、
型にはまった考えかたをしているからです。
人生を変える一番効率的な方法は、
自分自身に対して抱く考えや感情を意識的に自覚することです。

——ジョン・F・ディマティーニ（哲学者）

思考に気をつけなさい、
それはいつか言葉になるから。
言葉に気をつけなさい、
それはいつか行動になるから。
行動に気をつけなさい、
それはいつか習慣になるから。
習慣に気をつけなさい、
それはいつか性格になるから。
性格に気をつけなさい、
それはいつか運命になるから。

――マザー・テレサ（修道女）

ANDRE DIB/Shutterstock.com

49　スペイン―― フィニステレ岬の灯台

N.Y. Wang/Shutterstock.com

第2章

幸福

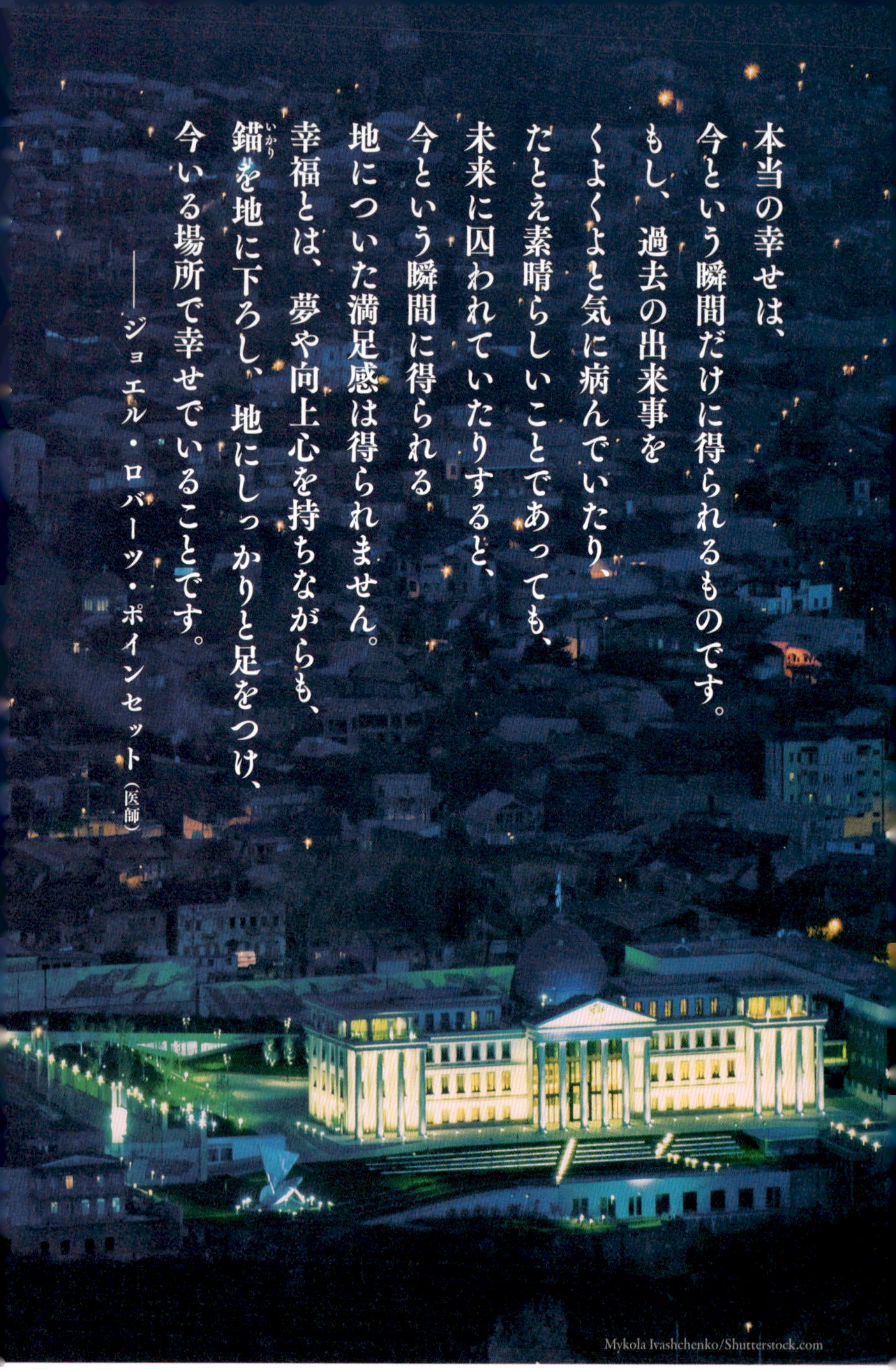

本当の幸せは、
今という瞬間だけに得られるものです。
もし、過去の出来事を
くよくよと気に病んでいたり、
たとえ素晴らしいことであっても、
未来に囚われていたりすると、
今という瞬間に得られる
地についた満足感は得られません。
幸福とは、夢や向上心を持ちながらも、
錨《いかり》を地に下ろし、地にしっかりと足をつけ、
今いる場所で幸せでいることです。

——ジョエル・ロバーツ・ポインセット（医師）

Mykola Ivashchenko/Shutterstock.com

 グルジア――トビリシの至聖三者大聖堂

Hung Chung Chih/Shutterstock.com

一羽のツバメが来ても夏にはならないし、
一日で夏になることもない。
このように、一日もしくは短い時間で
人は幸福にも幸運にもなりはしない。

――アリストテレス（哲学者）

チベット―― ポタラ宮

幸福になるには
幸福になるしかたを
学ばなければならない。
幸福はいつでも
私たちを避ける、と言われる。
人からもらった幸福についてなら
それは本当である。
人からもらった幸福などというものは
およそ存在しないものだからである。

——アラン（哲学者）

Pigprox/Shutterstock.com

57　インドネシア・ジャワ島—— ボロブドゥール寺院

本当の自分を発見すると、
すべてが変わります。
すべてが落ち着きます。
この状態は外からもたらされる
ものではありません。
すべてがカオスから
秩序ある宇宙に変わるのです。
新しい秩序が生まれます。
それは、存在そのものの秩序です。

――バグワン・シュリ・ラジニーシ（宗教家）

イスラエル── マサダ

人は、他人に
負けるのではなくて、
他人に抱いた感情に
打ちのめされて負ける。

他人がどれほどの
マイナスを吐き出したとしても、
自分がその上を歩かなければ、
その吐き出したもので転んだり、
傷つけられたりすることもない。

——ロングテール（経歴不詳）

Dominik Michalek/Shutterstock.com

61　スイス―― マッターホルンの朝

我々は皆、水平線のかなたに
魔法の庭園を夢見る。
それが人類にとっての
最大の悲劇かもしれない。
たった今、すぐ外にあるバラを
楽しむことだってできるのに。

——アンドリュー・カーネギー（実業家）

Sapsiwai/Shutterstock.com

63　モーリシャス——ル・モーン・ブラバン

今この瞬間にあなたが無常の喜びを感じていないとしたら、
理由は一つしかない。
自分が持っていないもののことを考えているからだ。
喜びを感じられるものは、
すべてあなたの手の中にあるというのに。

――アントニー・デ・メロ（神父）

Trofimov Denis/Shutterstock.com

ミャンマー―― ポッパ山　タウン・カラット

Kert/Shutterstock.com

他人の喜びのなかに、
自分の喜びを
見いだすことができること。
そこに幸福の秘密がある。

——ジョルジュ・ベルナノス（作家）

イタリア——チンクエ・テッレ　マナローナのブドウ畑

catolla/Shutterstock.com

幸せになりたいならば、
「あの時ああしていれば」と言うかわりに
「この次はこうしよう」と言うことです。

――スマイリー・ブラントン（精神科医）

人生は短い旅です。
それを素晴らしいものにしましょう。
——ボブ・プロクター（作家）

Galyna Andrushko/Shutterstock.com

ノルウェー——トロルの舌

70

人は幸運の時は
偉大に見えるかもしれないが、
真に向上するのは不運の時である。

——フリードリヒ・フォン・シラー（詩人）

ndphoto/Shutterstock.com

ブラジル・リオデジャネイロ—— コルコバードの丘のキリスト像

Sean Pavone/Shutterstock.com

私たちは皆、
幸せになることを
目的に生きています。
私たちの人生は
一人ひとり違うけれど、
されど皆同じなのです。
――アンネ・フランク（作家）

エストニア――タリン旧市街

thaagoon/Shutterstock.com

幸福かどうかは、ものの見方によります。
もちろん、愛する人を亡くした時は悲しいでしょう。
あるいは永い時間をかけた計画が
うまくいかなかった時も悲しいでしょう。
時々悲しくなるのは人間の特性なのです。
では、どうしたら幸せになれるのでしょうか？
たぶん、自分を幸せにしてくれることを
見つければいいのです。

——W・ミッチェル（環境保護活動家）

ミャンマー—— ゴールデン・ロック（チャイティーヨー・パゴダ）

コロンブスが幸福であったのは、
彼がアメリカ大陸を発見した時ではなく、
それを発見しつつあった時である。
幸福とは生活の絶え間なき
永遠の探求にあるのであって、
断じて発見にあるのではない。

——フョードル・ドストエフスキー（作家）

ollirg/Shutterstock.com

ギリシャ—— スニオン岬・ポセイドン神殿

幸せは他の人が
言ったり行ったりすることに
依るのではなく、
私たちがどれだけ
私たちの中にある
ポジティブなエネルギーと
可能性を持つ輝く存在と
繋がっているかに依ります。

——メル・ギル（心理セラピスト）

Nonchai/Shutterstock.com

タイ―― スカイランタン

人と幸せを分かち合えば合うほど、
そして、人生に幸せと
充実感をもたらす方法を
人々に教えてあげればあげるほど、
私たち自身がより幸せになり、
充実感を味わえるようになります。
ますます充実した人生の旅を
続けてください。
そうすれば、人生にもっと多くの
幸せがやってくるでしょう。

――デビッド・リックラン（実業家）

f11photo/Shutterstock.com

21　アメリカ・ワシントン D.C.―― ジェファーソン記念館と桜

人は、自分が幸福であることを知らないから不幸なのである。

――フョードル・ドストエフスキー（作家）

gevision/Shutterstock.com

23　オランダ—— キンデルダイクの風車

Sinisa Botas/Shutterstock.com

第3章

愛

Max Topchii/Shutterstock.com

愛情深く、親切で、思いやりがあり
寛大な人を探しているならば
愛情深く、親切で、思いやりがあり
寛大な人になりましょう。
欲しいものが何かあったら
あなた自身がそのものになり
それを宇宙に対して表現してください。
あなたが外に表現したものは
何倍にもなって返ってきます。

――ジャック・キャンフィールド（作家）

27　アイスランド―― セリャラントスフォス

javarman/Shutterstock.com

もっとバラの花が欲しければ、
もっとたくさんのバラの木を植えなさい。
――ジョージ・エリオット（作家）

アルゼンチン―― ペリト・モレノ氷河

あなたが愛を探していて、見つけられないのであれば、
それは必ずあなたの人生のどこかに許しが足りないのです。
自分の人生をよく見つめ、自分の過去も調べ、
自分の人間関係のすべてを見て、自分に聞いてみましょう。
「どこを許していないのだろうか？
自分を許していないのか、両親か？
子どもか、近所の人か、仕事のパートナーか、
誰を許していないのだろうか？」
あなたがそれを見つけて許すと、
エネルギーが流れ始め、あなたの人生に
新しい愛や人間関係がもたらされます。

――ジョー・ヴィターレ（作家）

VLADJ55/Shutterstock.com

91　フランス―― モン・サン・ミッシェル

自分で愛を生みだせばよいとわかると、
引き寄せの法則が作動します。
与えれば与えるほど、
あなたは多くを受け取ります。
常にこのことを意識し、
自分のすべきことを行うのです。
豊かさから豊かさを受け取っても、
豊かさはまだそのまま残っているのです。

——メル・ギル（心理セラピスト）

Galyna Andrushko/Shutterstock.com

カンボジア—— アンコール

私たちは、
自分のすばらしさと不完全さの中で、
何よりも自分自身を
愛することから学ばなければいけない。
――ジョン・レノン（音楽家）

Antony McAulay/Shutterstock.com

トルコ・イスタンブール―― スレイマニエ・モスク

自分を愛することは
うぬぼれではありません。
それは自分が誰であるかを知る
健康的な気づきなのです。
もし、あなたが孤独ならば、
まずは自分自身と良い関係を築きましょう。

――ボブ・プロクター（作家）

Hung Chung Chih/Shutterstock.com

中国―― 万里の長城

身体の声を聞きましょう。
疲れてはいませんか？
お腹はすいていませんか？
喉が渇いてはいませんか？
遊ぶ時間はありますか？
健康でいてください。
あなたの身体を敬いましょう。
——エリ・デビッドソン（講演家）

AG-PHOTOS/Shutterstock.com

97　イスラエル—— マサダからの死海の眺め

Lucas Payne/Shutterstock.com

自分が受け取りたいと思う愛を相手に与えましょう。
そして、宇宙が今、常にあなたに
愛を与えているのを知りましょう。
あなたが宇宙に愛を与える時、
そしてあなたが他の人に愛を与える時、
あなたは愛を受け取ります。
愛が人間関係のエッセンスであり、本質なのです。

——ジョー・ヴィターレ（作家）

アメリカ・ミネソタ州—— オーロラ

Sean Pavone/Shutterstock.com

あなたが怒っている時、
その怒りを見てください。
怒ってもいいのです。
それは贈り物です。
あなたの身体が、
「私はここで溜まった感情を解放する必要がある」
と言っているのです。

――ジャック・キャンフィールド（作家）

イスラエル・エルサレム―― 嘆きの壁

真実の愛は幽霊のようなものだ。
誰もがそれについて話をするが、それを見た人はほとんどいない。

——ラ・ロシュフコー（文学者）

DigitalMagus/Shutterstock.com

103　ウクライナ—— 愛のトンネル

良い人間関係を引き寄せる鍵は、
まず自分を愛することです。
人間関係は愛そのものです。
もしあなたが自分を愛せば、
あなたは愛に満ちた人間関係を
引き寄せるでしょう。

——ジョー・ヴィターレ（作家）

Jiri Haureljuk/Shutterstock.com

105　アフリカ・ナミビア—— 上空からのナミブ砂漠

Vadim Petrakov/Shutterstock.com

人生には悪いことも起きるし、
人々が不親切なふるまいを
することもあるのは知っています。
しかし、その現実を踏まえた上で、
良い面を見ると決心することによって、
人は自分の現実を変え始め、
自分の人生に良いことを引き寄せ始めるのです。

——エリ・デビッドソン（講演家）

愛情には
一つの法則しかない。
それは愛する人を
幸福にすることだ。
――スタンダール（作家）

Martin Lehmann/Shutterstock.com

109　ミャンマー―― タウンタマン湖

Protasov AN/Shutterstock.com

自分が必要としているものを得るには
どのように人を操ればよいかではなく、
どうすれば人に尽くし、
そこから学べるかをよく考えてみましょう。
そうすれば、ずっと良い人間関係が
持てるようになるでしょう。

――ジャック・キャンフィールド（作家）

イスラエル・エルサレム旧市街―― ダマスカス門

Gurgen Bakhshetsyan/Shutterstock.com

誉められた時、あなたは元気になります。
あなたに対するひどい発言は
あなたを滅入らせます。
ですから、他人の良いところを
見るようにしましょう。
それが自分のためにもなるのです。
今よりももう少し人に親切にしましょう。
人を誉めてあげましょう。
にっこりしましょう。
すると、良いことが返ってきます。

——エリ・デビッドソン（講演家）

イタリア・フィレンツェ——サンタ・マリア・デル・フィオーレ大聖堂とヴェッキオ宮殿

私はこれまでの人生でずっと
「私は愛されない人間なんだ」
と思ってきたわ。
でも私の人生には
それよりもっと悪いことがあったと、
はじめて気がついたの。
それは私自身
心から人を愛そうとしなかったことよ。

——マリリン・モンロー（女優）

Maryna Patzen/Shutterstock.com

115　モルディブ―― 水上コテージ

愛はお互いを
見つめ合うことではなく、
ともに同じ方向を
見つめることである。

——サン・テグジュペリ（作家）

Filip Fuxa/Shutterstock.com

117　アイスランド―― ゴーザフォス

Kiwisoul/Shutterstock.com

恐れ入りますが切手を貼ってお出し下さい

郵便はがき

102 0083

126

東京都千代田区麴町4-1-4
西脇ビル5

㈱かんき出版
読者カード係行

フリガナ ご氏名	性別　男・女 年齢　　歳

フリガナ

ご住所　〒

TEL　（　　）

e-mailアドレス

メールによる新刊案内などを送付させていただきます。ご希望されない場合は空欄のままで結構です。

ご職業

1. 会社員　2. 公務員　3. 学生　4. 自営業　5. 教員　6. 自由業
7. 主婦　8. その他（　　　）

お買い上げの書店名

★ご記入いただいた個人情報は、弊社出版物の資料目的以外で使用することはありません。

★いただいたご感想は、弊社販促物に匿名で使用させていただくことがあります
□許可しない

ご購読ありがとうございました。今後の出版企画の参考にさせていただ
ますので、ぜひご意見をお聞かせください。なお、ご返信いただいた
の中から、抽選で毎月５名様に弊社オリジナルグッズを差し上げます。

書籍名

本書を何でお知りになりましたか。

- 広告・書評（新聞・雑誌・ホームページ・メールマガジン）
- 書店店頭・知人のすすめ
- その他（　　　　　　　　　　　　　　　　　　　　）

本書を購入した理由を教えてください。

本書の感想（内容、装丁、価格などについて）をお聞かせください。

本書の著者セミナーが開催された場合、参加したいと思いますか。

1 はい　　　　　2 いいえ

ご協力ありがとうございました。

第4章
成功

Paul Daniels/Shutterstock.com

私はいかなる失敗も
チャンスに変えるよう常に努力してきた。
私は災難が起こるたびに
これを良い機会に変えようと努力し続けてきた。
いかなる種類の成功にとっても
粘り強さほど大切なものはない。
粘り強ささえあれば
ほぼ何でも乗り越えることができる。

――ジョン・D・ロックフェラー（実業家）

イギリス―― ブライトン西桟橋

Donjiy/Shutterstock.com

ほとんどの人は、
後のことを考えて、
自分の力の1％以上を
残しているものなんだ。
でも、チャンピオンになる人は、
最後の1％を躊躇なく使い切る。
——クリス・カーマイル（スポーツ・コーチ）

タイ—— エラワンの滝

「自分にはできる」と考える人間も
「自分にはできない」と考える人間も
どちらも正しい。
さあ君はどっちだ？
たいていの人は
問題を解決しようとするよりも
問題を回避するために
より多くの時間とエネルギーを
費やしている。

——ヘンリー・フォード（実業家）

Gail Johnson/Shutterstock.com

125　イギリス―― ジュラシック・コースト

成功者に共通している圧倒的な強みは、
どんな困難な時期にも
耐え忍ぶ力があることです。
多くの人が成功しない理由は
「どうせだめなのだから」という
間違った信念を持っているからです。

——ナポレオン・ヒル（作家）

Tanya Puntti/Shutterstock.com

127　オーストラリア―― ウィットサンデー諸島

ほとんどすべての人間は、
もうこれ以上アイディアを考えるのは
不可能だというところまで行きつき、
そこでやる気をなくしてしまう。
いよいよこれからだというのに。

——トーマス・エジソン（発明家）

129　オーストリア——ドナウ川とアックシュタイン城

O'SHI/Shutterstock.com

真の成功とは、
喜びをもたらす楽しみを追求する時間があること、
あなたの望むような形で
家族に愛情を表現する時間があること、
家庭を大切にし、庭の手入れをし、
魂を育てる時間があることです。

――サラ・バン・ブレスナック（作家）

インド―― ガンジス川とリシュケシュの寺院

S.Borisov/Shutterstock.com

私にとって最高の勝利は、
ありのままで生きられるようになったこと、
自分と他人の欠点を
受け入れられるようになったことです。
――オードリー・ヘップバーン（女優）

イタリア・ローマ――テヴェレ川にかかるサンタンジェロ橋とサン・ピエトロ大聖堂

多くの人は心の中で
お金が入ってくる様子を
イメージすれば、
豊かな生活ができるように
なると思っています。
それは重要なことですが、
それだけでは十分ではありません。
引き寄せ（attraction）という
言葉の最後には
行動を意味する
A-C-T-I-O-N の6文字があります。

——ジャック・キャンフィールド（作家）

Nickolay Vinokurov/Shutterstock.com

135 イスラエル・エルサレム—— 岩のドーム

Pikoso.kz/Shutterstock.com

人間は働きすぎてだめになるより
休みすぎてサビつき
だめになることの方がずっと多い。
他の人に一生懸命サービスする人が
最も利益を得る人間である。

——カーネル・サンダース（実業家）

インド・ケララ—— コバラムビーチ

自分には自分に与えられた道がある。
天与の尊い道がある。
どんな道かは知らないが、
他の人には歩めない。
自分だけしか歩めない、
二度と歩めぬかけがえのないこの道。

——松下幸之助（実業家）

Hitdelight/Shutterstock.com

139　ヨルダン―― ペトラ

自分に納得のいかないことが起きた時、
「どうして私はこれを作り出したのだろう？」と
自分に聞いてみましょう。
「どうして」という好奇心を持ち、
それを使ってください。
答えがわかれば、何か気づくことがあるでしょう。
「ああ、私はよく耳を傾けなかった」
「ああ、私はすべきことをしていなかった」
すると、自分を変え、
自分が望む関係を作るために必要なことを
実行するチャンスを、あなたは手にするのです。

――ジャック・キャンフィールド（作家）

Anastasios71/Shutterstock.com

141　ギリシャ—— エピダウロスの劇場

何事も楽しんでやりなさい。
楽しんでやることで、
思わぬ力が発揮されるものなのだ。

——孔子（思想家）

ポーランド—— ベネディクト修道院

知識を所有しても、行動に表さなければ
貴金属をただ集めるのと変わりません。
知識は使わず、表現されなければ虚しく
本人にも人類にも役立ちません。

——ウィリアム・W・アトキンソン（作家）

ブラジル—— イグアスの滝

Marques/Shutterstock.com

「失敗したことがない」と言う人は、
何も新しいことに挑戦したことがない人です。
何かを学ぶためには、
自分で体験する以上にいい方法はないのです。
私は先のことなど考えたことはありません。
すぐに来てしまうのですから。

——アルベルト・アインシュタイン（物理学者）

　スペイン—— カンガス・デ・オニス　ローマ橋

しっかり心に決めれば
それだけで目的は
半分達成されたも同然です。
「きっと成功してみせる」
と決心することが
何よりも重要です。
そのことはできる
それをやる、と
決断しましょう。
それからその方法を
見つけるのです。

——エイブラハム・リンカーン（政治家）

Khoroshunova Olga/Shutterstock.com

147　フィリピン・ボホール島—— チョコレート・ヒル

あなたが車を一台持っていて
一生その車にしか乗れないとしたら
あなたはその車を大切に扱うでしょう。
考えて欲しいのは
あなたが一生に一つの心と
一つの身体しか持てないということです。
常に心身を鍛錬し
心身の手入れを怠らないようにしましょう。
時間をかければ
あなたは自らの心を強化することができます。
人間の主要資産が自分自身だとすれば、
必要なのは心身の維持と強化なのです。

——ウォーレン・バフェット（投資家）

urosr/Shutterstock.com

149　アフリカ・ナミビア―― 鉱山

疑わずに最初の一段を登りなさい。
階段のすべてが見えなくてもいい。
とにかく最初の一歩を踏み出すのです。
――マーティン・ルーサー・キング・ジュニア（牧師）

S.R.Lee Photo Traveller/Shutterstock.com

スイス―― マッターホルン

人生で最も大切なことは
はるか彼方にあるものを
見ようとすることではなく
目の前にはっきり見えるものを
きちんと実行すること。

――トーマス・カーライル（歴史家）

tororo reaction/Shutterstock.com

人間、優れた仕事をするためには
自分一人でやるよりも
他人の助けを借りるほうが
良いものができると悟った時
その人は偉大なる成長を遂げるのである。

——アンドリュー・カーネギー（実業家）

nito/Shutterstock.com

スペイン・グラン・カナリア島 —— マスパロマスの砂丘

Andreja Donko/Shutterstock.com

ほとんどの人は何かについて
確信が持てません。
彼らは、自分の次の行動にも
確信がありません。
そんな時は行動しましょう。
確実でなくても、
ともかく行動しましょう。
一歩前に踏み出しましょう。
そこには必ず、何らかの学びがあります。
ゲームに参加することによって
永久に考えているより
ずっと先まで進めます。

——ハーブ・エッカー（作家）

スロベニア——ブレッド湖と聖マリア教会

Shaiith/Shutterstock.com

第5章 夢

Johnny Adolphson/Shutterstock.com

あなたに配られたトランプのカードは不利ではありません。
あなたの考えや感情が不利にも有利にも作用するのです。
あなたの成功や目標達成をじゃまする唯一のものとは
あなた自身の考えや心で思っていることです。

——ジョセフ・マーフィー（牧師）

アメリカ・ユタ州—— グレートソルト湖

あなたにできること、
あるいはできると
夢見ていることがあれば、
今すぐ始めなさい。
向こう見ずは天才であり、
力であり、魔法です。

——ゲーテ（詩人）

Kushch Dmitry/Shutterstock.com

アメリカ・ハワイ—— サンセット

財産を失ったのは、
いくらかを失ったことだ。
名誉を失ったのは、
多くを失ったことだ。
勇気を失ったのは、
すべてを失ったことだ。

——ゲーテ（詩人）

タイ—— クラビのビーチ

敵を許し
さっぱり忘れるためには
自分自身より無限に大きいものに
心を打ちこむことである。
そうすれば侮《あなど》られたり
憎まれたりしても
たいした問題ではなくなる。

——デール・カーネギー（作家）

demidoff/Shutterstock.com

153　インド—— グワーリヤル城

自分を激励する秘訣は、
自分に向かってこう言い聞かせることだ。
自分とたいして知能の違わない、
普通の出来の人間でさえ、
難問題を解決した者が
数え切れないほどいるのに、
自分にできないことがあるものか。

――ウィリアム・フェザー（作家）

Florin Stana/Shutterstock.com

165 イタリア——ドロミーティ

Rawpixel/Shutterstock.com

夢なき者は理想なし
理想なき者は信念なし
信念なき者は計画なし
計画なき者は実行なし
実行なき者は成果なし
成果なき者は幸福なし
ゆえに幸福を求むる者は夢なかるべからず。
一人ひとりに天の使命があり、
その天命を楽しんで生きることが、
処世上の第一要件である。

——渋沢栄一（実業家）

中国—— 桂林

Bildagentur Zoonar GmbH/Shutterstock.com

希望とは、
もともとあるものとも言えぬし、
ないものとも言えない。
それは地上の道のようなものである。
もともと地上には道はない。
歩く人が多くなれば、それが道になるのだ。

——魯迅（思想家）

スウェーデン—— ラップランドの蛇行川

Martin Bisof/Shutterstock.com

ただそれを知っただけでは
上手くいかない。
好きになればその道に向かって進む。
もしそれを心から楽しむことができれば、
いかなる困難にもくじけることなく
進むことができるのだ。

——渋沢栄一（実業家）

ペルー——マチュ・ピチュ

stocker1970/Shutterstock.com

自分にはできないと思うことを
やってみてください。
目の前の恐怖に真っ向から
立ち向かう経験をするたび、
あなたは強さと勇気と自信を
身につけることができるのです。
そして、
「この恐ろしいことが
切り抜けられたのだから、
次にどんなことが来ても大丈夫だ」
と言えるようになります。

——エレノア・ルーズベルト（政治家）

アイスランド—— ヴァトナヨークトル国立公園　セルフォスの滝

あなたが今、夢中になっているものを大切にしなさい。
それはあなたが真に求めているものだから。

――ラルフ・ワルド・エマーソン（思想家）

isarescheewin/Shutterstock.com

175　ラオス―― ワット・プー

根拠などなくても
実現するという思いがなければ、
願望はただの夢に終わってしまいます。
多くの人が、
一見前向きな願望を
抱いていると同時に、
うまくいかないのではないか？
うまくいかなかったらどうしよう、
といった考えを抱くため
目標を達成できずに
終わることが多いのです。

——ボブ・プロクター（作家）

Kotenko Oleksandr/Shutterstock.com

177　ウクライナ―― カルパティア山脈

wabbit photo/Shutterstock.com

学ぶことをやめた者は老人です。
二十歳であろうと八十歳であろうと
学び続ける者はいつまでも若くいます。
人生で一番大切なことは、
心の若さを保つことです。

——ヘンリー・フォード（実業家）

中国・安徽省—— 黄山

ventdusud/Shutterstock.com

自分の弱点をしっかり見つめて
その姿を十分に知っておきましょう。
でも弱点に支配されてはだめです。
弱点から忍耐力と優しい心と
物事を見通す力を教わりましょう。
私たちができる限りの努力をする時、
私たちの人生に
どんな奇蹟が起こるでしょうか。
それは誰にもわかりません。

——ヘレン・ケラー（教育家）

アメリカ・アリゾナ州—— モニュメント・バレー

Martin M303/Shutterstock.com

あなたが必要とするすべてのものは、
すでにあなたの内にあります。
考えなくてはならないのはただひとつ、
自分の持っている力を
どのようにして正しく使うか、なのです。

――ウォレス・ワトルズ（作家）

スコットランド―― スカイ島

偉業を達成した人たちは
突然の跳躍でその高みに達したわけではない。
仲間が眠っている間に
懸命に上を目指して努力した結果である。
——ヘンリー・ワズワース・ロングフェロー（詩人）

sripfoto/Shutterstock.com

125　タイ—— スコータイ歴史公園

人類史上の進歩のほとんどは、
不可能を受け入れなかった人々によって達成された。

――ビル・ゲイツ（実業家）

Anton Petrus/Shutterstock.com

トルコ―― カッパドキアと気球

もし、夢を売っていたら、
あなたはどんな夢を買いますか？
——トーマス・ロベル・ベドス（詩人）

James Wheeler/Shutterstock.com

127　カナダ—— バンフ国立公園　モレーン湖

僕は、夜に夢を見るんじゃない。
一日中夢を見ているんだ。
生きる糧として、夢を見ている。

——スティーヴン・スピルバーグ（映画監督）

Shchipkova Elena/Shutterstock.com

ウクライナ・クリミア半島—— ツバメの巣城

夢を求め続ける勇気さえあれば、
すべての夢は必ず実現できる。
いつだって忘れないでほしい。
すべて一匹のねずみから始まったということを。

——ウォルト・ディズニー（実業家）

Corepics VOF/Shutterstock.com

アイスランド—— ランドマンナロイガル

gyn9037/Shutterstock.com

あなたの夢は何か、
あなたが目的とするものは何か、
それさえしっかり持っているならば、
必ずや道は開かれるだろう。

――ガンジー（宗教家）

151　中国・江西省── 山脈

永遠に生きるつもりで
夢を抱け。
今日死ぬつもりで生きろ。

——ジェームズ・ディーン（俳優）

Chong Wei Jin/Shutterstock.com

マレーシア—— キナバル山

人間にとって成功とはいったい何だろう。
結局のところ、
自分の夢に向かって自分がどれだけ挑んだか、
努力したかどうか、ではないだろうか。

――岡本太郎（芸術家）

Kasia/Shutterstock.com

アメリカ・カリフォルニア州――デスバレー国立公園の砂丘

Pecold/Shutterstock.com

今、私は
楽しいから仕事をしています。
そういう意味では、
私のビジネスのやり方は、
クイズに挑戦するのと
あまり変わらないかもしれません。
だからといって、
遊び半分のいい加減な気持ちで
ビジネスをやっているわけでは
ありません。でも、
創造的なやり方で立ち向かえば、
人生はずっと楽しくなるでしょう。

――ビル・ゲイツ（実業家）

スペイン―― プエンテ・ラ・レイナ（巡礼の道）

笑い声は時代を超え、想像力は年を取りません。
そして、夢は永遠のものです。
夢を求め続ける勇気さえあれば、
私たちはすべての夢を実現できるのです。

——ウォルト・ディズニー（実業家）

T photography/Shutterstock.com

157　アメリカ・ニューヨーク――セントラルパーク

Anna Omelchenko/Shutterstock.com

大いなる夢を抱くこと。
そうすれば、
あなた自身がその夢に近づく。
あなたが抱くイメージは、
あなたがいずれたどり着く
目的地への片道切符である。
あなたの理想は、
あなたがいずれそうなる
真の姿にほかならない。

——ジェームズ・アレン（作家）

オーストリア—— チロル州・ゼーフェルト

※地図上では、絶景ポイントのおおよその位置を番号で記しています。
番号に対応する絶景ポイントの解説は、202 ～ 207 ページをご参照ください。

【絶景ポイントMAP】

1
2
3
4
5
6
7
8
9
10
11
12
13
14
15
16
17
18
19
20
21
22
23
24
25
26
27
28
29
30
31
32
33
34
35
36
37
38
39
40
41
42
43
44
45
46
47
76

❶ **アイスランド――ゴーザフォス（116・117 ページ）**
「神々の滝」を意味するアイスランドで最も壮観な滝のひとつ。キリスト教が国教となった際、それまで信仰された偶像をこの滝に投げ捨てたことに由来する。30m 以上の幅、高さ約 12m の位置から水が流れ落ちる。

❷ **アイスランド――ヴァトナヨークトル国立公園　セルフォスの滝（172・173 ページ）**
アイスランドの国土のおよそ 15%を占め、その面積が 15000㎢に及ぶ広大な国立公園。アイスランド最大の氷河ヴァトナヨークトルを中心にする。セルフォスは、デティフォスの滝の 1 ㎞ほど上流にある落差約 10m の滝。

❸ **アイスランド――ランドマンナロイガル（189 ページ）**
アイスランド南部にあるヘクラ火山近くの高地。「人々の浴場」を意味する。周辺の火山活動によって形成された様々な色彩の流紋岩や溶岩原が広がり、天然の温泉がある。ハイキングコースとしても人気が高い。

❹ **アイスランド――セリャラントスフォス（86・87 ページ）**
アイスランド南部にある滝。滝壺の裏側がくり抜かれたような窪んだ地形になっており、空をバックに水流を眺めることができるため、世界的にも珍しい滝とされている。最大落差は約 40m。

❺ **スウェーデン――ラップランドの蛇行川（168・169 ページ）**
ラップランドは、スカンジナビア半島北部からコラ半島に至る地域で、先住民族のサーミ人（ラップ人）が住んでいる地域を指す。フィヨルドや深い谷、氷河や山が続く地域で、海にも川にも多くの漁場があるとされる。

❻ **アイルランド――ティモリーグ修道院（44・45 ページ）**
アイルランド南西部の海岸線に位置し、6 世紀に聖 Molaga によって設立された古代修道院の敷地内に、フランシスコ会によって 1240 年に設立された。ティモリーグは「Molaga の家」を意味する。

❼ **スコットランド――スカイ島（182・183 ページ）**
イギリス・スコットランド北西岸、インナー・ヘブリディーズ諸島の最大の島。夏には多くの旅行客や訪問者で人口が増加する。イヌワシやアカシカ、アトランティックサーモンなどの豊かな野生生物で知られている。

❽ **イギリス――ジュラシック・コースト（124・125 ページ）**
イギリス南部のイギリス海峡に面した海岸。2001 年にユネスコの世界遺産（自然遺産）に登録された。中生代のジュラ紀に形成された地層も存在しており、アンモナイトの化石が見られることでも知られている。

❾ **イギリス――ブライトン西桟橋（120・121 ページ）**
ブライトンは、シーサイド・リゾートとして知名度・規模ともにイギリス有数の町。西桟橋は 1866 年に完成されたが、2002 年に嵐によって崩壊。翌年に焼失しながらも、その骨組みの跡を今でも保存している。

❿ **ノルウェー――トロルの舌（70 ページ）**
ノルウェーの南部、オッダにあるトロルの舌（トロルトゥンガ）は、麓から約４～５時間のトレッキングの先にある絶景スポット。断崖から岩が舌のように水平に突き出した場所で、眼下には湖が広がっている。

⓫ **エストニア――タリン旧市街（72・73 ページ）**
タリンはエストニア共和国の首都。トーンペア城、エストニア最古の大聖堂、聖ニコラウス聖堂、ギルドホールなどの建造物が残る。歴史的に価値のある景観が評価され、1997 年にユネスコの世界遺産に登録された。

⓬ **スペイン――フィニステレ岬の灯台（48・49 ページ）**
フィニステレ岬は、スペイン北西部ガリシア州大西洋岸の半島。「聖ヤコブの道」（サンティアゴ・デ・コンポステーラの巡礼路）の多くの巡礼者の最終的な目的地とされている。

⓭ **スペイン――カンガス・デ・オニス　ローマ橋（144・145 ページ）**
カンガス・デ・オニスはスペイン北部の、かつてアストゥリアス王国の首都が置かれていた町。ローマ橋はローマ時代にかけられたが、現在の橋は、カスティーリャ王アルフォンソ 11 世時代にかけられたもの。

⓮ **スペイン――プエンテ・ラ・レイナ〔巡礼の道〕（194・195 ページ）**
スペイン北部のナバーラ州の町で、プエンテ・ラ・レイナ（王妃の橋）という名は、アルガ川にかかるロマネスク様式の橋に由来する。サンティアゴ・デ・コンポステーラへ向かう巡礼路の途上にある。

⓯ **フランス――モン・サン・ミッシェル（90・91 ページ）**
フランス西海岸、サン・マロ湾上に浮かぶ小島で、同名の修道院がある。1979 年「モン・サン・ミシェルとその湾」としてユネスコの世界遺産（文化遺産）に登録され、1994 年にはラムサール条約登録地となった。

⓰ **オランダ――キンデルダイクの風車（68・69 ／ 82・83 ページ）**
キンデルダイクは、オランダのゾイトホラント州の水郷地帯にある村。ここの風車群は 1997 年に「キンデルダイク=エルスハウトの風車群」としてユネスコの世界遺産（文化遺産）に登録された。

【絶景ポイント】 ※（　）内は掲載ページ

⑰ スイス――マッターホルン（60・61 ／ 150 ページ）
アルプス山脈に属する標高 4,478m の高峰。山頂にはスイスとイタリアの国境が通り、麓の町はスイス側にツェルマット、イタリア側にチェルヴィニアがある。マッターホルンの名は、「（高地の）牧草地の角《ツノ》」に由来する。

⑱ スイス――トゥーン湖とオーバーホーフェン城（38・39 ページ）
トゥーン湖は、スイスのベルン州にある湖で、アルプス山脈の北側に位置する。オーバーホーフェン城は、ハプスブルグ家の古城で、ベルナー・オーバーラントの山々を借景して湖面に突き出た形で建てられている。

⑲ イタリア――ドロミーティ（164・165 ページ）
イタリア北東部にある山地で、いくつかの山塊は、2009 年にユネスコの世界遺産（自然遺産）に「ドロミーティ」の名で登録された。ドロマイトと呼ばれる灰色の岩でできており、光の反射で山肌の色が変化する。

⑳ イタリア――チンクエ・テッレ　マナローラのブドウ畑（66・67 ページ）
チンクエ・テッレは、イタリア北西部のリグーリア海岸にある 5 つの村を指し、そのひとつであるマナローラの断崖絶壁にはブドウ畑や家々が建ち並ぶ。ワインの産地として知られ、ユネスコの世界遺産に登録されている。

㉑ イタリア・フィレンツェ――サンタ・マリア・デル・フィオーレ大聖堂とヴェッキオ宮殿（112・113 ページ）
「フィレンツェ歴史地区」はフィレンツェの中心部にあり、ユネスコの世界遺産（文化遺産）に登録されている。主な建造物に「サンタ・マリア・デル・フィオーレ大聖堂」「ヴェッキオ宮殿」「サンタ・マリア・ノヴェッラ教会」「サンタ・クローチェ聖堂」等がある。「街全体が美術館」と評されるほど、歴史的な町並みが広範囲かつ集中的に保存されており、ルネッサンスの芸術、文化を間近に見ることができる。

㉒ イタリア――トスカーナ（20・21 ページ）
トスカーナは、イタリア半島中部に位置する州。イタリア・ルネッサンスの中心地となったフィレンツェをはじめ、数多くの古都を擁している。文化遺産や大自然の美しい風景に恵まれ、多くの観光客が訪れる。

㉓ イタリア・ローマ――テヴェレ川にかかるサンタンジェロ橋とサン・ピエトロ大聖堂（132・133 ページ）
サン・ピエトロ大聖堂は、バチカン市国にあるローマ・カトリック教会の主聖堂。歴代教皇の墓所を蔵し、ローマ教皇の住居であるバチカン宮殿などとともにバチカン市国を形成する。ローマ側からは、テヴェレ川にかかるサンタンジェロ橋とともに、サン・ピエトロ大聖堂を眺めることができる。

㉔ イタリア――アマルフィ（30・31 ページ）
イタリア南部カンパニア州サレルノ県にある小都市。世界遺産に登録されたアマルフィ海岸の中心都市であり、観光拠点として知られる。中世にはアマルフィ公国として自立し、強盛を誇った海洋国家であった。

㉕ オーストリア――チロル州・ゼーフェルト（198・199 ページ）
オーストリア・チロル州の観光都市。周囲を 2500 m級の美しい岩峰に囲まれたアルプスでも最も美しい高原リゾート地のひとつ。1964 年と 1976 年に行われたインスブルック冬季オリンピックの会場にもなった。

㉖ オーストリア――ドナウ川とアックシュタイン城（128・129 ページ）
ドイツに源を発し約 2,860km を流れて黒海へと注ぐドナウ川。その一部であるオーストリアのヴァッハウ渓谷はドナウ川下流地域に広がる景勝地である。キリスト教布教や十字軍遠征の道として発展した。アックシュタイン城は、ヴァッハウ渓谷一帯の真ん中あたり、ドナウ川を見下ろす標高約 520m の岩山の上にそびえている。

㉗ スロベニア――ブレッド湖と聖マリア教会（154・155 ページ）
ブレッドはスロベニアを代表する観光地であり、氷河によりできたブレッド湖は、国随一の風光明媚な場所として有名である。ブレッド湖の中にあるブレッド島という小さな島に、聖マリア教会がある。

㉘ ハンガリー・ブダペスト――鎖橋と国会議事堂（36・37 ページ）
ブダペストはハンガリーの首都であり、ヨーロッパでも最も美しい街のひとつ。ドナウ川河岸を含め世界遺産が広がっている。1849 年にドナウ川に鎖橋がかかり、西側のブダ地区と東側のペスト地区がつながった。

㉙ ポーランド――ベネディクト修道院（142 ページ）
ポーランド国土のほぼ中央を流れるヴィスワ川沿いにある小さな町・ティニエツに佇むベネディクト会の修道院。ポーランド南部にある都市・クラクフからヴィスワ川クルーズが出ており、船で往復することができる。

㉚ ウクライナ――カルパティア山脈（176・177 ページ）
主にスロバキア、ポーランド、ウクライナ、ルーマニア等にまたがる全長約 1500km の山脈。「カルパティア山脈のブナ原生林」は、スロバキアとウクライナが共有するユネスコの世界遺産（自然遺産）に登録されている。

㉛ ウクライナ――愛のトンネル（102・103 ページ）
ウクライナ西部にあるクレーヴェンには、1日に数本だけ通り抜ける運搬用の鉄道があり、その線路は両側に木が生い茂り、美しいアーチを作っている。この風景がロマンチックなため、「愛のトンネル」と呼ばれている。

㉜ **ウクライナ・クリミア半島――ツバメの巣城（188 ページ）**
ツバメの巣城（スワローズネスト）は、黒海に突き出たクリミア半島の岬の約 40 mの断崖絶壁の上に建てられた古城で、1912 年頃にドイツ人貴族によって建てられた。クリミア半島のシンボルとして人気のスポット。

㉝ **ギリシャ――メテオラ（42・43 ページ）**
ギリシャ中部、テッサリア地方にあるメテオラ修道院群の総称。メテオラは「宙に浮かぶ」の意で、奇岩の頂に修道院が造られている。1998 年にユネスコの世界遺産（文化・自然複合遺産）に登録された。

㉞ **ギリシャ――スニオン岬・ポセイドン神殿（76・77 ページ）**
ギリシャの首都アテネから南東約 70km に位置し、海抜約 60m のスニオン岬の突端に建つ古代神殿。海の守護神ポセイドンを祀る。紀元前5世紀半ば、アテネの政治家ペリクレスにより建造されたと伝えられている。

㉟ **ギリシャ――エピダウロスの劇場（140・141 ページ）**
エピダウロスは、ギリシャ・ペロポネソス半島東部に位置する古代ギリシアの港湾都市。ギリシア神話の医神アスクレピオスの生誕地とされ、古くから多くの巡礼者を集めた。アスクレピオスを祀った聖域の遺跡には、古代の劇場が美しい形で残っており、「エピダウロスの考古遺跡」として世界遺産に登録されている。遺跡は港町エピダウロスから8km 離れた郊外にあり、劇場では現在も夏場に劇やオペラなどの公演が開かれている。

㊱ **トルコ・イスタンブール――スレイマニエ・モスク（94 ページ）**
トルコ北西部の都市イスタンブールの旧市街にあるイスラム寺院。1985 年に「イスタンブール歴史地区」としてユネスコの世界遺産（文化遺産）に登録された主な歴史的建造物のひとつ。

㊲ **トルコ・カッパドキア――ネヴシェヒルの岩窟集落、気球（24・25 ／ 186 ページ）**
カッパドキアはトルコ中央部の古代地名、またはトルコの首都アンカラの南東にあるアナトリア高原の火山によってできた大地のこと。南北約 50kmに広がるカッパドキアには、大小様々な街や村が点在している。ネヴシェヒルは、カッパドキア地方最大の都市とされ、街で一番高い丘の上には複数の歴史建造物が林立している。気球に乗って奇岩群の上を飛ぶツアーが観光客に人気で、世界でも有数の気球フライトポイントでもある。

㊳ **トルコ――ネムルト山（34・35 ページ）**
トルコ東部の標高 2,134m の山。19 世紀後半にオスマン帝国軍が山頂付近を行軍した際、山頂部が人工的な建造物であったことが発見され、1881 年にドイツの技師カール・ゼシュターによって発掘調査が行われた。

㊴ **グルジア――トビリシの至聖三者大聖堂（52・53 ページ）**
グルジアの首都トビリシにある至聖三者大聖堂（ホーリートリニティ大聖堂）は、至聖三者を記憶するグルジア正教会の主要な大聖堂。世界の正教会の中でも最大の聖堂のひとつに数えられる。

㊵ **スペイン・グラン・カナリア島――マスパロマスの砂丘（152・153 ページ）**
グラン・カナリア島は、アフリカ大陸北西岸沖、スペイン領のカナリア諸島を構成する島のひとつ。この島にあるマスパロマスの砂丘は、ビーチと隣接して続く砂漠のような広大な砂丘。砂丘の中央あたりにあるラグーン「ラ・チャルカ」は絶滅寸前の野生の渡り鳥の休息所となっている。

㊶ **アフリカ・ナミビア――ナミブ砂漠、鉱山（104・105 ／ 148・149 ページ）**
アフリカ南西部にある砂漠。ナミビアの大西洋岸に沿い、北はアンゴラとの国境付近から南は南アフリカ共和国北端にまで及ぶ。約 8000 万年前に生まれた世界で最も古い砂漠と考えられている。

㊷ **モーリシャス――ル・モーン・ブラバン（62・63 ページ）**
モーリシャスの南西端に位置する半島で、この半島には名前の由来とされている玄武岩のル・モーン山（標高 556m）がそびえている。半島はラグーン（潟湖）で囲まれており、観光名所となっている。

㊸ **イスラエル・エルサレム――嘆きの壁、ダマスカス門、岩のドーム（100・101 ／ 110・111 ／ 134・135 ページ）**
エルサレムは、イスラエル東部にある都市。「エルサレムの旧市街とその城壁群」は、1981 年にユネスコの世界遺産に登録された。「嘆きの壁」は、エルサレム神殿の西側の城壁の一部で、紀元後 70 年にローマ軍によって破壊されたエルサレム神殿唯一の遺構。ユダヤ人の聖地とされている。「ダマスカス門」は、エルサレム旧市街の城壁にある 8 つの門のひとつ。「岩のドーム」は、東エルサレムにあるイスラム様式の神殿。イスラム教のほかキリスト教・ユダヤ教も聖地としている。

㊹ **イスラエル――死海（96・97 ／ 106・107 ページ）**
アラビア半島北西部に位置する、ヨルダンとイスラエルとの国境にある塩湖。水面が海面下約 397 mにあり、世界で最も低い。流出河川がないため塩分濃度が高く、生物はほとんど生存しない。

㊺ **イスラエル――マサダ（58・59 ページ）**
第一次ユダヤ戦争の遺跡で、イスラエル東部、死海西岸近くにある岩山の上の要塞跡。ユダヤ戦争においてローマ軍の包囲に対し抵抗したユダヤ人が2年にわたり籠城し、集団自決をして幕をおろした古戦場。

【絶景ポイント】 ※（　）内は掲載ページ

46 ヨルダン――ペトラ（16・17／138・139ページ）
ヨルダン中南部にある古代都市遺跡。死海とアカバ湾の間の渓谷にある。ペトラとは、ギリシャ語で崖を意味する。1985年、ユネスコの世界遺産（文化遺産）に登録。2007年、新・世界七不思議に選出。

47 ヨルダン――ワディ・ラム（26・27ページ）
ヨルダン南部・アカバ県の県都アカバより東に位置する砂岩と花崗岩でできた峡谷地帯。サウジアラビアとの国境近くに位置している。『アラビアのロレンス』をはじめとする映画の撮影場所としても知られている。

48 モルディブ――水上コテージ（114・115ページ）
モルディブは、インド洋北部のモルディブ諸島からなる共和国。世界有数の透明度を誇るビーチリゾートとしても知られている。海の上に建てられた水上コテージ（ヴィラ、バンガロー）は人気のスポット。

49 インド・ケララ――コバラムビーチ（136・137ページ）
コバラムビーチは南インドにあるケララ州の観光リゾート地。毎年多くの観光客が訪れる。アラビア海に面しているビーチで、地引き網漁が行われている。ビーチから眺めるアラビア海に沈む夕日は絶景。

50 インド――タージ・マハル（14・15ページ）
ムガル帝国第5代皇帝シャー・ジャハーンが、若くして亡くなった最愛の王妃ムムターズ・マハルのために、インド北部アーグラに建設した総大理石造りの巨大な墓廟。インド・イスラム文化の代表的建築とされる。

51 インド――グワーリヤル城（162・163ページ）
グワーリヤルは、インドのマディヤ・プラデーシュ州にある人口120万人を擁する都市。14世紀にラージプートの王によって築かれたグワーリヤル城がある。

52 インド――ガンジス川とリシュケシュの寺院（130・131ページ）
ガンジス川はガンガーとも呼ばれ、ヒンドゥー教では「聖なる川」として崇められている。リシュケシュは、ガンジス川の上流にあるウッタラカンド州の町で、ヨガ発祥の地として知られている。

53 ネパール――ヒマラヤ（10・11ページ）
インド亜大陸とチベット高原との境を東西に連なる世界最高の大山脈。西はインダス川から東はブラマプトラ川に至り、5つの国にまたがっている。最高峰エベレストを含み、地球上で最も標高の高い地域である。

54 ブータン――タクツァン僧院（40・41ページ）
タクツァン僧院（タイガーズネスト）は、標高2,000mを超える山の断崖絶壁に張り付くようにして建立された寺院で、ブータン仏教最大の聖地。高僧パドマ・サンババが建立したと伝えられている。

55 チベット――ポタラ宮（54・55ページ）
中国・チベット自治区の主都ラサのポタラ山上にあるチベット仏教の寺院。17世紀中ごろ第5代ダライ・ラマによって建設され、かつてのチベット宗教・政治の中心地であった。1994年、世界遺産（文化遺産）に登録。

56 ミャンマー――タウンタマン湖（108・109ページ）
ミャンマー中央部の古都・アマラプラの東の郊外にあるタウンタマン湖。世界最長（全長約1.2km）といわれる木造の歩道橋、ウーベイン橋がまたぐ湖として知られている。

57 ミャンマー――バガンの遺跡（8・9ページ）
世界三大仏教遺跡のひとつであり、ミャンマー屈指の仏教聖地。ビルマ族最初の統一王朝、バガン王朝（11～13世紀）の遺跡群。3000を超える仏塔や寺陰僧院が残り、うち486棟で極彩色壁画が確認された。

58 ミャンマー――ポッパ山　タウン・カラット（64・65ページ）
ポッパ山は、バガン南東の平原に位置する標高1,518mの火山。山の西側で岩が突き出たような寄生火山の岩頸であるタウン・カラット（標高737m）にはミャンマーの土着信仰である精霊ナッツ神信仰の総本山がある。

59 ミャンマー――ゴールデン・ロック（チャイティーヨー・パゴダ）（74・75ページ）
ミャンマー南東部・モン州にある仏塔（パゴダ）。巡礼者の寄付によって貼り付けられた金箔に覆われた花崗岩の巨礫の頂上に、高さ7.3mの小さなパゴダが載っている。仏教徒の巡礼地として知られている。

60 タイ――スカイランタン（78・79ページ）
「コムローイ」と呼ばれるスカイランタン（熱気球）上げで有名な、「イーペン・サンサーイ祭り」は、チェンマイ郊外のメージョー大学で行われる。スカイランタンが一斉に夜空に解き放たれる光景は、まさに幻想的。

61 タイ――スコータイ歴史公園（184・185ページ）
タイ王国・北部にあるタイ族最古のスコータイ王朝の都跡。歴史公園はスコータイ旧市街にあり、「スコータイの歴史上の町と関連の歴史上の町」のひとつとしてユネスコの世界遺産に登録されている。

62　タイ――エラワンの滝（122・123 ページ）
「タイで一番美しい滝」と称されるエラワン国立公園内の滝。全長約 1,500m の滝は、水遊びのできる滝、木陰で涼みながら魚をゆっくり眺められる滝、落差に圧巻させられる滝など7段階の滝に分かれている。

63　タイ――サムイ島（28・29 ページ）
タイ南部・スラートターニー県にある島。全島がココナッツの木で覆われていることから、「ココナッツ・アイランド」とも呼ばれ、人気の観光地となっている。

64　タイ――クラビのビーチ（161 ページ）
タイ南部のリゾート地・プーケット島からパンガー湾を挟んで東に位置するクラビは、切り立つ石灰岩の岩壁と熱帯のジャングルが残された秘境のビーチリゾート。風光明媚なことで知られるアンダマン海に面している。

65　ベトナム――ハロン湾（32・33 ページ）
ベトナム北東部のトンキン湾に位置し、湾内には大小 3,000 もの奇岩や島々が存在する。中国がベトナムに侵攻してきた時、竜の親子が現れて敵を破り、口から吐き出した宝石が湾内の島々になったという伝説がある。

66　ラオス――ワット・プー（174・175 ページ）
ラオス南部・チャンパサック県にある古代ヒンドゥー寺院遺跡。「チャンパサック県の文化的景観にあるワット・プーと関連古代遺産群」は、2001 年にユネスコの世界遺産に登録された。

67　カンボジア――アンコール（92・93 ページ）
アンコール・ワット等で知られるアンコール遺跡は、カンボジアの北西部で 9 世紀から 600 年以上にわたり繁栄したクメール王朝が生み出した建造物群。1992 年にユネスコの世界遺産（文化遺産）に登録された。

68　インドネシア・ジャワ島――ボロブドゥール寺院（56・57 ページ）
ジャワ島中部のケドゥ盆地に存在する大規模な仏教遺跡で、19 世紀初めに発見されるまで、ジャワの密林に千年以上も埋もれていた。8世紀に栄えたシャイレーンドラ王朝によって建てられたとされている。

69　マレーシア――キナバル山（192 ページ）
ボルネオ島北部にあるマレーシアの最高峰（標高約 4,095.2m）。世界でも有数の生物多様性に富み、山域は「キナバル自然公園」として、2000 年にユネスコの世界遺産（自然遺産）に登録された。

70　フィリピン・ボホール島――チョコレート・ヒル（146・147 ページ）
ボホール島のほぼ中央部にあるチョコレート・ヒルは、高さ 30 ～ 50m の草に覆われた円錐形の小山が 1,268 個も並ぶ観光名所のひとつである。4 ～ 6 月の乾季には、丘の草が茶色に変色するため、その名がつけられた。

71　パラオ――ロックアイランド（151 ページ）
パラオ諸島のコロール島とペリリュー島の間に大小約 400 におよぶ島々がに存在する。火山起源の珊瑚礁が隆起してできた島で、多くは無人島である。2012 年、「ロックアイランド群と南ラグーン」として世界遺産に登録。

72　中国――桂林（166・167 ページ）
中国・広西チワン族自治区に位置する観光都市。珠江支流に臨む水陸交通の要地で、石灰岩地域特有の奇峰が多い。山水画のような美しい風景に恵まれ、世界的にも有名な景勝地である。

73　中国――陽朔《ようさく》（18・19 ページ）
中国・広西チワン族自治区の東北部、桂林盆地の南東端部に位置する町。桂林発の川下りの終着地としても知られている。中国では最も早く「国家級観光風景区」と認められた地域のひとつ。

74　中国・江西省――山脈（190・191 ページ）
中国中部の内陸部に位置し、四周は丘陵性の山に囲まれ、北は湖北省、安徽省、東は浙江省、福建省、南は広東省、西は湖南省と接する。西部には羅霄山脈があり、北西部には暮阜山と九嶺山がある。

75　中国・安徽《あんき》省――黄山《こうざん》（178・179 ページ）
安徽省南部に広がる景勝地。奇松、奇石、雲海、温泉の4つの景観が複合して独特の景観をつくっている。中国人の精神的な拠り所である黄山の周辺には、道教や仏教の修行の場として、多くの寺院が建てられている。

76　中国――万里の長城（95 ページ）
中国本土の北辺に築かれた長大な城壁。東は渤海湾に臨む河北省山海関から西は甘粛省の嘉峪関まで、地図上の総延長は約 2,700km に及ぶ。1987 年にユネスコの世界遺産（文化遺産）に登録された。

77　オーストラリア――ウィットサンデー諸島（126・127 ページ）
オーストラリアのクイーンズランド州東岸、グレートバリアリーフに浮かぶ 74 の島々からなる熱帯雨林の豊かな自然に恵まれた地域。ハミルトン島、ヘイマン島、デイドリーム島をはじめ、海岸保養地として知られている。

【絶景ポイント】 ※（　）内は掲載ページ

78 アメリカ・ハワイ——サンセット（160 ページ）
ハワイ諸島は、アメリカ合衆国本土の南西、太平洋のほぼ中央に位置し、ハワイ島、マウイ島、オアフ島、カウアイ島、モロカイ島、ラナイ島、ニイハウ島、カホオラウェ島の主な 8 つの島と小島や環礁からなる。

79 カナダ——バンフ国立公園　モレーン湖（187 ページ）
モレーン湖は、カナダ・アルバータ州南西部にある氷河湖。1984 年、周辺の国立公園・州立公園とともに世界遺産（自然遺産）に登録されたバンフ国立公園内、ルイーズ湖の南約 10kmに位置する。

80 アメリカ・カリフォルニア州——デスバレー国立公園の砂丘（193 ページ）
デスバレー国立公園は、アメリカ合衆国のカリフォルニア州とネバダ州にまたがる国立公園で、米国の国立公園の中で最大の面積がある。公園内には「サンドデューン」と呼ばれる5つの砂丘がある。

81 アメリカ・アリゾナ州——セドナ　カテドラルロック（12・13 ページ）
セドナは、アメリカ合衆国アリゾナ州中北部にある赤い砂岩の岩山に囲まれた街。古来、ネイティブ・アメリカンが聖地とあがめた場所だった。カテドラルロックは、セドナを代表するレッドロックとして知られている。

82 アメリカ・アリゾナ州——アンテロープ・キャニオン（22・23 ページ）
アメリカ合衆国アリゾナ州にある不思議な造形をした砂岩に囲まれている渓谷。先住民族ナホバ族の居住区域内にある。渓谷内部の岩肌は滑らかに削られており、岩と岩の間が細い通路になっているのが特徴的。

83 アメリカ・アリゾナ州——モニュメント・バレー（180・181 ページ）
アメリカ合衆国アリゾナ州北東部とユタ州南東部にまたがる景勝地。風化・浸食によって形成された台地や岩山が点在する。300m 級の岩山が巨大な記念碑（モニュメント）のように見えることからこの名がついた。

84 アメリカ・ユタ州——グレートソルト湖（158・159 ページ）
アメリカ合衆国ユタ州北西部にある塩水湖。氷河がとけてできた巨大なボンヌビル湖の名残りで、現在も大きさが変化している。流れ出す河川はなく、塩分濃度が海水よりも高い。

85 アメリカ・ミネソタ州——オーロラ（98・99 ページ）
オーロラが現れやすい場所は、北緯 65 度から 70 度付近の「オーロラベルト」と呼ばれる周辺といわれているが、太陽活動の状況によっては、北緯 50 度に位置するミネソタ州でもオーロラ観賞ができることがわかっている。

86 アメリカ・ニューヨーク——セントラルパーク（196・197 ページ）
ニューヨーク市のマンハッタン区にある都市公園。アメリカ合衆国で景観を考慮して設計された最初の公園である。マンハッタン島の都会的景色・喧噪の中のオアシスとしての働きを果たしている。

87 アメリカ・ワシントン D.C.——ジェファーソン記念館と桜（80・81 ページ）
ジェファーソン記念館は、アメリカ合衆国第３代大統領トーマス・ジェファーソンの功績を記念して建立された記念建造物。桜のシーズンに観られる、ダイタルベイスンの水辺の周りに植えられた桜並木は壮観。

88 ペルー——マチュ・ピチュ（170・171 ページ）
ペルー南部、クスコ地方にあるインカ帝国の代表的な都市遺跡。アンデス山麓に属するウルバンバ谷に沿った高い山の尾根に所在する。山裾からはその存在を確認できないことから「空中都市」とも呼ばれている。

89 ペルー——聖なる谷（46・47 ページ）
「聖なる谷」は、ペルーの中でも有数の観光地で、インカ時代に重要な役割を果たした宿場町とも要塞ともいわれる遺跡が点在し、インカ帝国の残した貴重な遺跡を数多く目にすることができる。

90 ブラジル・リオデジャネイロ——コルコバードの丘のキリスト像（71 ページ）
ブラジル南東部のリオデジャネイロ、コルコバードの丘の頂上にあるキリスト像は、1931 年にブラジルの独立100 周年を記念して建設された。高さ 39.6 m（内台座の高さが 9.5 m）、左右 30 mで、635 トンの重量がある。

91 ブラジル——イグアスの滝（143 ページ）
南米大陸のアルゼンチンとブラジルの２国にまたがる世界最大の滝。この滝を含むブラジルのイグアス国立公園とアルゼンチンのイグアス国立公園は、ともにユネスコ世界遺産に登録されている。

92 アルゼンチン——ペリト・モレノ氷河（88・89 ページ）
アルゼンチン・サンタクルス州のロス・グラシアレス国立公園には 47 もの氷河が存在し、その中で最も有名な氷河が「ペリト・モレノ氷河」である。現在も成長と崩壊を繰り返し、「生きた氷河」とも呼ばれている。

主な参考文献／インターネット百科事典ウィキペディア、ウィキトラベル

【編者紹介】

宮永　千恵（みやなが・ちえ）

◉——静岡県出身。実践女子大学卒業。老舗商社にてショーウィンドウを飾るデコレーターとして、数々の展示会や百貨店の装飾を担当。置き方や見せ方によってモノに「輝き」を与え、多くのヒット商品を生み出す。過労による入院を機に、28歳からモデルの世界に入り、自身の「健康」と「美」を追求し始める。 同時に幼少期より親しみのあったサッカー界にライターとして入り、主に若手選手の個性を引き出す記事で人気を得、教育や文化、健康など、幅広い分野での取材で活躍。

◉——2012年、宇宙の７つの法則を伝える、書籍『ザ・メタ・シークレット』出版と同時にメタシークレット・ユニバーシティー立ち上げに関わる。現在公認トレーナーとして全国で「７つの法則セミナー」などを開催中。難しいことをわかりやすく、短い言葉で伝える講師として人気を博している。

◉——本書のもととなったフェイスブック「メタシークレット」で、毎日名言と美しい風景を２年間にわたり投稿し続けている。

宮永千恵ホームページ　http://www.maga-mano.com

世界《せかい》の果《は》てで大切《たいせつ》なことに気《き》づく100の言葉《ことば》　〈検印廃止〉

2014年11月20日　第１刷発行
2014年12月12日　第２刷発行

編　者——宮永　千恵Ⓒ
発行者——齊藤　龍男
発行所——株式会社かんき出版
東京都千代田区麹町4-1-4 西脇ビル　〒102-0083
電話　営業部：03(3262)8011㈹　編集部：03(3262)8012㈹
FAX　03(3234)4421　振替　00100-2-62304
http://www.kanki-pub.co.jp/

印刷所——シナノ書籍印刷株式会社

　ISBN978-4-7612-7045-2 C0030